AF224557

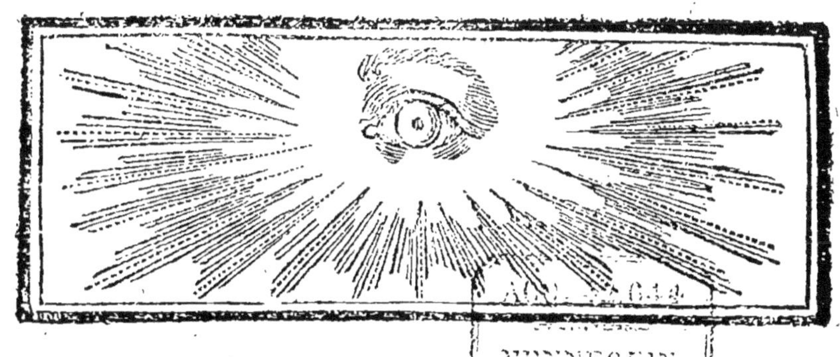

RÉPONSE

AU LIBELLE

INTITULÉ:

Première Notice sur les causes de la réaction dans le Département du Doubs, par P. J. BRIOT, siégeant au Conseil des Cinq-cents.

***

CITOYEN BRIOT,

UN libelle circule avec profusion dans le département du Doubs, libelle étonnant par l'audace qui le caractérise, par les calomnies qu'il renferme, et sur-tout par l'effronterie qui vous l'a fait avouer comme votre ouvrage.

A

Sans doute il est digne de vous, sans doute c'est un supplément naturel aux œuvres de l'orateur des clubs, de l'auteur de la vedette (1), du panégiriste de Marat (2), de l'élu des anarchistes de l'an 6 : mais qu'un représentant du peuple se transforme en vil libelliste! Que sa voix qui devroit foudroyer la calomnie en devienne le honteux organe! Qu'oubliant le caractère auguste de conciliateur d'un grand peuple, trop long-temps divisé, il jette dans son sein les tisons de la discorde! Cet excès de démence a surpris ceux même qui vous connoissent, il a appris à vos concitoyens étonnés, que vous n'aviez pas déployé encore sur la scène révolutionnaire toute la fureur dont vous êtes capable.

Quelle a donc été votre espérance, et de quel succès vous êtes-vous flatté? Avez-vous cru plaire au gouvernement? Vous outragez ses agens, vous l'outragez lui-même. Au corps législatif! il a flétri publiquement votre ou-

---

(1) Journal rédigé et imprimé par le citoyen Briot depuis 1791.

(2) Éloge de Marat, prononcé par le citoyen Briot, le jour de la pompe funèbre de ce scélérat, le 25 août 1793, à Besançon.

vrage. Au peuple ! vos injures ont fortifié l'estime dont il honoroit ses mandataires, et déterminé en leur faveur une réunion plus flatteuse de suffrages.

Cette indignation unanime qui s'est élevée contre vous, pourroit nous dispenser de répondre ; ici , la défense est superflue ; ici, pour sa justification, il suffit de nommer son accusateur : mais vous prendriez peut-être pour le témoignage de la foiblesse, ce qui ne seroit que l'expression du mépris, et nous voulons vous ôter jusqu'à ce triomphe illusoire. Nous vous répondrons, moins pour nous défendre que pour vous attaquer vous-même ; trop long-temps l'indulgence publique vous a enhardi ; fier de ce qu'on ne vous a pas assez souvent reproché vos crimes, vous avez prétendu aux honneurs de la vertu, et vous en avez emprunté l'assurance et le langage ; il faut vous enlever enfin cette ressource ; il faut dévoiler ce monstrueux assemblage de contradictions, de lâchetés , de perfidies , d'atrocités qui souillent les pages de votre histoire ; il faut élever au milieu des citoyens le tableau de votre vie, comme on place au haut des rochers le fanal qui doit écarter le voyageur des précipices où l'entraîneroit son erreur. Ainsi,

la lutte que vous avez provoquée ne sera pas
sans intérêt pour la chose publique ; une fois
connu , vous perdrez les moyens de séduire
les hommes crédules , de tromper les foibles,
de diviser les citoyens , et la patrie n'aura plus
à craindre un ennemi qui dès long-temps eût
cessé d'être dangereux s'il eût été démasqué.

PREMIERE PARTIE.

Le département du Doubs gémissoit depuis
long-temps sous la plus cruelle oppression ;
des hommes connus par leurs excès aux époques
sanglantes de la révolution , élus à main armée,
ainsi que vous , représentant Briot , par les
assommeurs de l'an 6 , y occupoient les fonctions publiques. Leur conduite justifioit un
choix aussi honorable ; la protection que
la loi doit à tous , étoit devenue le partage
exclusif de leurs amis; une inquisition tyran-
nique avoit succédé à la surveillance légale ;
l'esprit de parti , à la justice ; l'arbitraire , aux
lois. La garantie sociale, ce premier droit des
citoyens , n'existoit plus sous des magistrats
qui laissoient le crime impuni , et l'opprimé
sans défense (1).

---

(1) L'on se rappelle l'incursion faite le 30 ventôse
an 6 , chez la citoyenne Douhaini , et la dévastation de

Il est vrai que le sang n'a pas coulé; il est vrai, citoyen Briot, que les prisons n'ont pas englouti de nouvelles victimes, nous l'avouons avec vous ; mais si les hommes en place n'ont pas poussé la violence jusques-là, oseront·ils s'en faire un mérite? Ne faut-il pas l'attribuer à la patience et à la circonspection des opprimés, plutôt qu'à la modération des oppresseurs? Ne doit-on pas sur-tout en rendre grâces au gouvernement dont ils redoutoient la vigilance et l'impartiale sévérité?

Leur crainte étoit légitime : le 7 ventôse a terminé leur règne et notre servitude. Un arrêté du directoire exécutif leur a enlevé l'autorité dont ils abusoient, et l'a confiée à des hommes connus par leur amour pour l'ordre et la République, et que les suffrages du peuple qu'ils ont réunis plusieurs fois, annonçoient n'être pas indignes des fonctions publiques.

A cette nouvelle vous entrez en fureur,

---

sa maison, sans que l'autorité publique s'y soit opposé ; on n'a pas oublié non plus que le lendemain l'enseigne du café de cette citoyenne , représentant le 9 thermidor, fut brûlé sur la place publique, à midi, devant la municipalité, et sous les yeux du président de l'administration municipale.

citoyen Briot, un verbeux pamflet échappe de vos mains; désespéré de la chûte de vos amis vous criez à la réaction, vous attaquez le gouvernement, vous outragez les hommes qu'il a honorés de sa confiance.

La réaction! Des anarchistes remplacés par des hommes modérés, c'est à vos yeux une réaction! vous osez faire un crime au directoire d'exercer le droit que la constitution lui donne de destituer les fonctionnaires infidèlles! Vous osez assimiler aux vengeances arbitraires d'un parti furieux (car voilà ce qu'on apelle une réaction), des mesures sollicitées par l'intérêt public, dirigées par la sagesse, approuvées par les lois et l'opinion!...... Mais arrêtons-nous; défendre contre vous le gouvernement, ce seroit l'insulter.

Un pareil motif nous interdit de parler du citoyen Besson; d'ailleurs il vous a répondu lui-même avec le succès qu'il avoit droit d'attendre; la vérité et la modération qui caractérisent son ouvrage, ont achevé, dans tous les esprits, la justification qu'il avoit obtenue d'avance dans tous les cœurs.

Nous n'avons donc plus à discuter que l'attaque qui nous est personnelle. Quelques actions indifférentes ou même louables présentées comme des crimes; quelques impostures de l'invention du citoyen Briot, voilà ce qui compose l'acte d'accusation dressé contre nous. Examinons et voyons qui de lui ou de nous aura raison au tribunal de la justice et de la vérité.

Les hommes que le gouvernement vient de porter aux fonctions publiques, sont les mêmes qui les occupoient déjà dans l'an 5. P. 31 de la Notice.

Premier grief et premier mensonge... Mais n'essayons pas de les compter.

De tous les hommes qu'a choisi le gouvernement, il n'en est pas un seul qui ait été en place en l'an cinq.

Bonard, Hérard, Jussy, Janson, sont des agents de seigneur et à ce titre indignes de la confiance publique. P. 45.

Hérard et ses auteurs ont eu, depuis plus d'un siècle, la confiance de la maison Duchatelet, Bonard n'a jamais été agent de ci-devant, Janson a pris à bail une ferme de Mesmay ; Jussy, homme de loi, est tuteur de l'enfant d'un ex-noble. Et quand il seroit vrai qu'ils fussent agents de ci-devant, de quel droit leur en feriez-vous un crime? Si vous défendez à des hommes de loi de s'occuper des affaires des ci-devant, défendez donc aux fonctionnaires publics de recevoir leurs pétitions, ou aux médecins de leur donner des soins dans leurs maladies. Vous, Briot, fils et petit fils d'agents de seigneurs, que diriez vous à celui qui prétendroit que vous êtes *indigne de la représentation nationale, et qu'il faut vous bannir du conseil*, que lui diriez-vous s'il alléguoit pour raison, que vous avez été *précepteur dans la maison du ci-devant conseiller Trevillers et que votre élève est émigré ?* Vous le regarderiez comme un sot ; qu'êtes-vous donc vous qui raisonnez de la même manière ? Sans doute on seroit coupable, si, comme *tel officier de santé*, que vous connoissez, et à qui vous êtes attaché par d'autres liens que ceux de l'amitié, on payoit par des bassesses la confiance des ci-devant, si, après avoir affecté en public le zèle le plus ardent pour la cause populaire, on leur prodiguoit en secret des qualifications proscrites et des titres abolis.

Mais on peut servir leurs intérêts, sans trahir son honneur ; et de tous les sacrifices qu'on peut leur faire, l'honnête homme excepte toujours celui de son opinion.

Jussy a fait arracher en l'an 4 *, comme substitut du procureur de la commune, une* *adresse des Républicains de Besançon à la Convention nationale, pour la féliciter de la Victoire du 13 vendémiaire*, page 45.

Nouveau mensonge ! ni l'administration, ni Jussy, ne donnèrent d'ordres à cet égard ; peut-être ils ont eu tort, et ce que vous présentez comme un acte répréhensible, eût été une mesure sage. Il n'y a que les amis du désordre qui auroient pu lui faire un crime de détruire une adresse incendiaire, annoncée comme l'ouvrage des républicains, et n'étant en effet que celui des anarchistes, réduisant le nombre des républicains de la commune, à une poignée de brouillons, et dans laquelle on se plaignoit humainement du *peu d'effet du canon de vendémiaire, à Besançon.*

L'administration craignit, en la faisant arracher, de paroître attenter à la liberté publique, et ce ne fut que par le zèle et la vigilance, qu'elle maintint l'ordre que les auteurs de l'adresse vouloient troubler.

Jussy monta à la tribune de sa section en l'an 4, pour protéger l'adresse de Louis XVIII aux français, en soutenant que cet écrit étoit propre à former l'opinion, page 46.

Que répondre à cette imposture ? que le plus imbécille des hommes est celui qui l'a inventée, et après lui , celui qui pourroit y ajouter foi.

Janson , pauvre avant la révolution , a greffé sa fortune sur celle de l'émigré Mesmay, dont il étoit l'agent , pag. 33.

Nous vous avons déjà répondu que Janson étoit le fermier et non l'agent de Mesmay. Cette ferme lui auroit donné quelques bénéfices, si une réclusion d'une année, grâce à vos soins, un voyage au tribunal révolutionnaire, dont il vous est redevable, et sur-tout le *maximum*, cette heureuse invention tant préconisée par vous, ne les eussent absorbés presque en entier. Janson était pauvre avant la révolution, le fait est trop vrai : il est riche maintenant, le fait est faux. Il possédoit un petit domaine à St. Claude, et c'est encore aujourd'hui son unique propriété. Si l'on y ajoute quelque vignes, sept fauchées de prés, qu'il a acquis de la nation, et un léger intérêt dans une petite brasserie qui commence à s'établir , on aura le tableau exact de sa fortune. Malheureusement l'exagération de Briot n'y ajoute rien, et son génie hyperbolique ne la grossit qu'en paroles. Certes, si cette fortune est le produit des bienfaits de *Louis XVIII*, (dont Briot assure la faveur à Janson, *page 33* de sa

notice), il est assez singulier que le préten-
dant paye aussi mal ses agens, et sur-tout
qu'il les paye en DOMAINES NATIONAUX.

*Mourgeon , commissaire près de l'adminis-
tration centrale, a retenu pendant 19 jours,
comme procureur-syndic du district, avant
de le donner à la gendarmerie, un arrêté
ordonnant l'arrestation de trois émigrés qui
se promenoient publiquement, à Besançon,
page 31.*

Encore une imposture de plus! Que Briot
nomme les émigrés! qu'il cite la date de l'arrêté! Certes, si un abus d'autorité semblable
eût pu être reproché à Mourgeon, le comité
révolutionnaire qui l'a retenu 13 mois en prison, et Briot, rédacteur banal des motifs de
réclusion, ne l'auroient pas oublié.

*Mourgeon vint en mission à Paris, pour
se coaliser avec la section Lepelletier, et co-
opérer à la rébellion de vendémiaire, p. 32.*

Grâce au régime de la terreur, au maximum,
à la proscription des propriétaires, pendant
trois ans, la circulation des blés fut interrom-
pue ; la commune auroit été en proie à la
famine, si les officiers municipaux n'eussent
fait acheter de toute part des subsistances pour
l'approvisionnement des habitans. Mais en

l'an 3 les fonds manquoient pour les besoins du moment, et les dettes arriérées avoient détruit toute espèce de crédit; il n'y avoit plus d'espoir que dans les secours du gouvernement. Mourgeon partit et les obtint. L'arrêté qui ordonne son départ et qui en établit le motif, est consigné dans les registres de l'administration centrale.

Si cette réponse ne vous satisfait pas, nous allons vous en donner une autre. Le représentant Perrin des Vosges, arriva dans notre commune le 20 vendémiaire an 4. Alors comme aujourd'hui, les anarchistes voyoient avec fureur l'autorité confiée à des hommes ennemis de la violence et du désordre; ils se portèrent chez le citoyen Perrin. Le citoyen Quirot, depuis commissaire du département, étoit à leur tête, et vous-même marchiez à côté de lui. Ivre de vin et de fureur, il se pousse en chancelant, le visage enflammé, les yeux hagards, il bégaye avec peine les griefs insignifians ou faux, recueillis contre les administrateurs, et entr'autres celui que vous reproduisez contre le citoyen Mourgeon. » C'est une imposture, s'écrie Perrin en l'in- » terrompant, dès que l'arrivée de Mourgeon » fut connue à Paris, on le fit suivre avec

» soin, et sa conduite pendant tout le temps
» de son séjour dans la capitale, assura le
» comité qu'il étoit bien loin, non-seulement
» de s'associer aux rebelles, mais même de
» les approuver. S'il en eût été autrement, on
» l'auroit fait arrêter aussitôt. » Cette réponse
a été consignée dans les registres du département, à cette époque, vous la connoissez,
vous qui l'avez entendue, et si d'après cela il
vous reste encore quelque doute, vous pouvez
consulter le citoyen Perrin dont vous invoquez
le témoignage, *Page 14 de votre libelle.*

Jusqu'ici vous n'avez rassemblé contre nous
que des reproches ridicules ou des allégations
calomnieuses. Sont-ce là tous les élémens dont
se compose le foudre que vous lancez contre
nous? Non. Une accusation plus terrible se
prépare; vous vous levez tout à coup; vous
renforcez votre voix, et vous faites retentir
le mot fatal CONSPIRATION! CONSPIRATION!

*En l'an 4, on forma le projet de livrer
au prince de Condé, toute la ci-devant pro-
vince de Franche-Comté. . . . . . L'émigré
Pautenet de Vereux vint à Besançon pour cette
négociation. . . . . . Le plan original de la
conspiration, écrit de la main de l'émigré
Tinseau, fut envoyé au ministère de la police.*

où il est encore. Ce plan fut concerté avec les administrateurs (1) et le général Ferrand.

En lisant cette odieuse imputation, nous cherchons des preuves, et nous ne trouvons encore que des mensonges et des calomnies.

Si l'on vous en croit, la destitution des administrateurs en l'an 4 fut le résultat de la conspiration découverte à cette époque ; mais la conspiration fut découverte le 23 nivôse au soir, par l'administration ; l'arrêté qui destitue les administrateurs est à la date du 29 du même mois. Comment le directoire auroit-il pu motiver cette destitution sur un évènement qu'il ne connoissoit pas, et ne pouvoit pas connoître ?

Vous accusez les administrateurs de complicité avec les traîtres, Eh ! sur quels motifs ? Est-ce sur le zèle qu'ils mirent à saisir les auteurs du complot, à en découvrir les complices, à en prévenir les suites, à en instruire le gouvernement ? Consultez la voix publique, lisez le mémoire qu'ils firent paroître alors, vous verrez que cet évènement, loin d'inspirer

---

(1) Les citoyens Janson et Mourgeon fonctionnaires publics actuels, étoient alors membres de l'administration centrale.

contre eux la plus légère prévention , devint
une nouvelle preuve de leur patriotisme par
la conduite énergique et sage qu'ils tinrent
dans ce moment. Vous verrez , *page* 30,
« qu'aussitôt qu'ils furent instruits par le gé-
» néral Ferrand du complot qui se tramoit,
» ils envoyèrent , séance tenante , chercher
» les chefs de la gendarmerie et le juge de
» paix ; que d'après les indications les plus
» précises , on fit placer secrètement dans la
» maison même des traîtres et dans les mai-
» sons voisines , des sentinelles ; qu'il fut con-
» venu avec le général qu'il se rendroit à
» l'heure indiquée au conciliabule qu'on lui
» avoit proposé, qu'il en sortiroit à une heure
» qu'on désigna , et qu'alors la gendarmerie
» s'empareroit des prevenus ». Voilà ce que
firent les administrateurs; sont-ce là des preuves de complicité? et vous, Briot, qui vantez
avec tant d'éclat votre patriotisme prétendu ,
quelles autres mesures auriez-vous prises dans
cette circonstance ?

Malgré des précautions aussi sages, le principal conjuré ne fut point saisi; voulez-vous
en savoir la raison? interrogez le citoyen Quirot,
votre ami , alors commissaire du gouverne-
nement près l'administration centrale, et des-

titué le 7 ventôse dernier , il peut vous la
donner. *La maison où sont les prévenus est
voisine de la mienne*, dit-il à l'administration,
*et je la connois parfaitement ; je me charge
de diriger la force armée.* Les administrateurs,
assurés par son patriotisme , y consentirent ,
quoique la maison dont il s'agissoit , appartînt
à sa cousine. Quel fut leur étonnement lorsqu'à 9 heures et demie du soir « le citoyen
» Quirot vint les instruire que deux des pré-
» venus étoient arrêtés, mais qu'il n'avoit pas
» été encore possible de découvrir l'émigré !
» Ils rstournèrent aussitôt avec lui, au nom-
» bre de deux, à la maison indiquée ; ils ne
» trouvèrent plus ni gendarmes ni faction-
» naires aux portes où on les avoit placés , et
» virent aisément que l'émigré avoit eu la
» faculté de se soustraire aux recherches ,
» sans recourir à des chemins détournés (1) ».
Prétendra-t-on après cela imputer son évasion
à des administrateurs fidelles , qui dès le moment où ils reçurent le premier avis du complot, restèrent en permanence et laissèrent ex-
clusivement au commissaire le soin de faire

----

(1) Mémoire des administrateurs, pag. 32.

les

les perquisitions commandées par la circonstance ?

Eh! qui pourroit, dira-t-on, répéter encore
cette imputation absurde? qui! les anarchistes.... Briot, dans son libelle, n'est que leur
écho, déjà ils avoient osé la répandre à l'époque
même de la conspiration; ils saisirent ce pré-
texte pour perdre aux yeux du gouvernement
des administrateurs que depuis long-temps il
honoroit de sa confiance, malgré leurs dénon-
ciations journalières; mais plus adroits que
Briot, ils ne se bornèrent point à des accu-
sations vagues de complicité, que la voix
publique eût trop promptement démenties ;
ils fabriquèrent, après la découverte du plan,
une lettre anonyme, par laquelle on sembloit
annoncer qu'un projet de conspiration venoit
d'être définitivement arrêté dans la maison
d'un citoyen domicilié dans les montagnes.
Les noms des prétendus conjurés y étoient
indiqués par des lettres initiales, à l'exception
de ceux de deux administrateurs qu'on avoit eu
la précaution d'y faire figurer en toutes lettres.
On n'en connoissoit point l'original, et il
n'en circuloit que des copies distribuées avec
profusion par le nommé Guedot (commissaire
destitué le 9 ventose dernier). Quel fut le

B

résultat de cette trame odieuse? Une justification éclatante pour les administrateurs ; et
pour Guedot, une flétrissure publique. Ils
citèrent l'imposteur par-devant les tribunaux,
on y reconnut que la lettre supposée par
Guedot n'existoit pas en original, qu'il étoit
le principal fabricateur des copies qui en avoient
circulé par-tout, et les juges le condamnèrent
(le 21 prairial an 4) à des peines pécuniaires
et à une réparation aussi éclatante que l'a
voit été l'injure. .... (1). Tremblez, Briot,
voilà le sort des calomniateurs.

Oui, c'est le sort qui vous attend, vous qui,
malgré l'exemple de Guedot, osez reproduire
encore des impostures déjà reconnues et pu-
nies ; vous qui, au mépris d'un jugement so-
lennel, qui absout des fonctionnaires publics,
osez encore les traiter de conspirateurs ? Quelle
garantie reste donc aux citoyens, si le témoignage universel, les oracles des tribunaux,
l'approbation du gouvernement ne suffisent
pas pour établir leur innocence contre la ma-
lignité de leurs ennemis ?

---

(1) Ce jugement a été imprimé et affiché, et de plus
confirmé par l'appel émis par Guedot.

Mais tel est le caractère de la haine ; elle se refuse à la vérité qui l'éclaire, comme elle résiste à l'autorité qui la condamne. Ainsi, peu content de nous attaquer, vous attaquez le juge qui nous a rendu la liberté. Et de quel droit vous-même osez-vous devenir son juge, quand les ministres des lois, les dépositaires de l'autorité suprême n'ont pas réformé ses arrêts ? Quel titre, quel caractère avez-vous pour les soumettre à votre censure ? Pourquoi, si sa conduite étoit contraire aux lois et à l'intérêt public, ne l'avez-vous pas dénoncé alors ? Mais la méchanceté trouve mieux son compte à dénaturer des faits qu'elle croit oubliés, qu'à les combattre dans leur naissance, lorsque mille voix en attesteroient la vérité.

C'est-là, sans-doute, ce qui vous enhardit à rassembler tant de mensonges contre le citoyen Girardot. Vous lui reprochez de n'avoir fait aucune poursuite, procédé à aucun examen, entendu aucun témoin ; et par suite de l'instruction du procès, les prévenus sont restés plus de vingt jours en prison ; les dépositions des témoins, l'interrogatoire des détenus existent encore au greffe du directeur du jury, qui a approuvé sa décision.

Vous lui reprochez d'avoir mis en liberté les

prévenus, après quarante huit heures d'arrestation. Ils restèrent en prison et au secret plus
de vingt jours, il est vrai qu'ils en sortirent
alors, mais en vertu de quelle loi le juge de
paix auroit-il pu prolonger la captivité de
citoyens, contre qui il n'existoit aucune charge,
et dont l'innocence étoit reconnue? On alléguoit contre eux une lettre anonime; l'original n'en a jamais été reproduit, et le tribunal civil, par jugement du 21 prairial an 4,
cité plus haut, déclara qu'il n'existoit point; de
quoi pouvoit-on les punir? Etoit-ce du crime
de leur calomniateur? Au reste, Girardot aura
toujours tort à vos yeux, il a agi d'après la
législation de l'an 4, et vous raisonnez d'après
celle de 1793.

*Il s'est moqué, dites-vous, des ordres et des
avis des ministres de la justice et de la police,
qui censurèrent alors sévèrement sa conduite,
et a refusé constamment de leur rendre compte,*
page 46.

Ah! Briot, vous avez trop négligé de donner
à ce mensonge les couleurs de la vraisemblance,
un juge de paix dans une affaire où il s'agit
de livrer la République aux étrangers, refuse
de poursuivre les prévenus ! il méprise les
ordres du gouvernement ! et le gouvernement

se tait ! et il ne fait pas arrêter ce prévaricateur audacieux ! et il ne provoque pas contre lui toute la sévérité des lois ! encore une fois mentez avec plus d'adresse, ou vous ne tromperez personne.

Vous ne tromperez pas le citoyen Quirot, c'est sous ses yeux , dans son bureau, au citoyen Planet, son secrétaire, que Girardot, à qui vous reprochez de n'avoir rendu aucun compte au ministre , dicta toutes les lettres relatives à cette affaire , et dont les originaux existent encore au ministère.

Vous ne tromperez pas le ministre de la justice ; si l'on peut se convaincre par l'inspection de ses registres, des lettres que Girardot lui a écrites ; on peut s'assurer par le même moyen, que le ministre, loin de censurer la conduite du juge de paix , ne lui a jamais fait de réponse.

Arrêtons nous ici, notre tâche est enfin remplie , nous avons rapporté sans déguisement et discuté avec franchise tous les griefs que vous nous imputez dans votre libelle. A quoi se réduisent-ils ? à quelques injures qu'on dédaigne , à des absurdités qui tombent par leur propre ridicule , à des mensonges qui s'évaporent aux premier rayon de la vérité qu'on leur oppose ?

Ce vain assemblage pourroit-il résister à la force des raisons et à l'autorité des faits ? que ne nous est-il permis de joindre à nos moyens justificatifs le tableau de notre vie administrative ? que ne pouvons nous imiter ce courage qui vous fait franchir si aisément les bornes de la modestie, cette complaisance, avec laquelle vous parlez de vous-même ? sans altérer comme vous et sans exagérer les faits, nous pourrions présenter dans notre carrière publique, quelques services rendus à la patrie, quelques titres à la confiance du gouvernement et de nos concitoyens ; mais quelque pénible qu'il puisse être de parler de soi, nous dirons, puisque vous nous en imposez le devoir :

Qu'amis sincères de la révolution dès sa naissance, nous avons quelquefois condamné ses écarts, déploré ses excès, mais toujours chéri ses principes et défendu sa cause.

Que jamais nous n'avons occupé les fonctions publiques, que dans les phases heureuses ou régnoient la modération et la justice ; que tandis que votre nom figuroit sur la liste des bourreaux, on lisoit les nôtres sur celle des victimes ; que lorsque la République étoit couverte de clubs, de comités et d'échafauds,

nous avons encouru une honorable proscription, porté des fers, paru au sanglant tribunal.

Que même dans ces jours de deuil, les
agents publics de Roberspierre, qui nous te-
noient dans les chaînes, qui nous avoient succédé dans nos fonctions, pressés de répondre
sur notre compte, aimèrent mieux dire effrontément (1) que *notre vie politique ne leur
étoit pas connue*, que de nous supposer des
torts imaginaires trop faciles à détruire.

Nous dirons que jamais on ne nous a reproché d'avoir violé la loi, que nos mains sont
pures de sang et de rapines, que jamais les
cris des malheureux ne nous ont poursuivis
dans notre retraite, et que souvent nous avons
recueilli les touchantes expressions de la re-
connoissance et de l'estime.

La voix publique a confirmé quelquefois
ces vérités; les avouer à soi-même, est une
jouissance légitime pour l'homme qui ne veut
d'autre récompense du bien que celle de l'a-
voir fait; peut-être il est moins permis de le

____

(1) Cette réponse fut faite par le département au citoyen Bonard, et elle est consignée dans la pétition que
présenta ce dernier, et qu'il a encore entre les mains.

répéter aux autres ; mais ceux qui nous en feraient un crime, ne doivent accuser que vous qui nous y avez contraints, et c'est encore un tort de plus à vous imputer.

Cependant ceux qui nous le reprocheroient, pourront y trouver quelques lumières pour cette cause ; qu'ils fassent le parallèle de votre vie politique et de la nôtre, et dans le contraste qu'ils y verront, ils y découvriront la cause de cette division constante qui a existé entre nous, de cet acharnement que vous avez mis à nous persécuter, quelquefois avec audace, et plus souvent par de ténébreux moyens. C'est la ressemblance des caractères et des mœurs, la conformité des goûts et des opinions qui forment et cimentent l'amitié ; comment pourroit-elle exister entre nous qui toujours avons suivi des principes différens, et marché dans des routes opposées ? Vous voulez la violence révolutionnaire, et nous la modération ; l'arbitraire, et nous la loi ; l'anarchie, et nous la liberté constitutionnelle. En 1793, le 16 août, fougueux orateur d'une populace mutinée, vous demandiez à grands cris la permanence de la guillotine ; et nous, dépositaires de l'autorité publique, nous repoussions ces hurlemens de la rage, prélude trop fidelle des assassinats qui se préparoient. Au sein du club, vous faisiez publiquement l'éloge de la criminelle journée du 31 mai, et nous gémissions dans les fers pour avoir refusé d'applaudir au 31 mai. Après le 9 thermidor, vous dictiez cette sanguinaire adresse à la convention, où vous demandiez qu'on r'ouvrît les cachots pour y replonger les malheureux qui venoient d'en sortir (1), où vous prophétisiez à vos complices abattus, le retour des massacres, et nous, de nos mains encore marquées des honorables cicatrices de vos fers, nous reprenions les rênes de l'autorité publique. Comment après un contraste aussi habituel, une opposition aussi constante, pourrions-nous être unis? Quelle intelligence pourroit exister entre nous? On est votre ennemi dès qu'on est l'ami de la justice; qu'est-ce donc lorsqu'à l'attachement, aux principes, on a joint le courage de la résistance, que peu content de ne pas adopter vos opinions, on a lutté avec effort contre vos tentatives anarchiques? Oui, vous devez nous haïr, nous vous haïssons aussi, mais de la haine qu'on porte au crime; franche, inva-

____

(1) Vedette, premier fructidor, IIe année, N° 69.

riable et généreuse , et non de cette haine basse qui travaille dans l'ombre, qui s'arme de calomnies, qui s'assouvit par de noires et odieuses vengeances. Jamais nous n'aurions demandé votre tête à un proconsul stupide et féroce, jamais nous ne vous aurions livré au tribunal de Dumas , jamais nous n'aurions versé de larmes, si traîné devant les bourreaux de 1793, vous fussiez échappé à leurs coups. Qu'en suivant les formes sacrées de la loi, les magistrats vous aient puni, nous n'aurions vu dans leurs arrêts qu'un jugement légitime et une punition méritée. Ennemi de la patrie , fléau de vos concitoyens , coryphée de l'anarchie et du désordre, vous étiez digne de toute la rigueur des lois. Mais nous aurions gémi sincèrement si des vengeances arbitraires vous avoient frappé, et que le ressentiment et la haine se fussent arrogé le droit qui n'appartient qu'à l'autorité légale.

Qui le croiroit pourtant à vous entendre , vous qui osez nous peindre comme les plus fougueux réacteurs? Certes, quels que soient les privilèges de l'imposture et de l'audace , ils ne s'étendent pas jusques là. Quoi ! pané-

____

(1) Vedette du 9 août 1793.

giriste de Marat , tu nous accuses de cruauté ;
ta bouche sanglante nous reproche d'avoir versé
du sang ! Cannibale féroce , toi qui tous les
jours invitois le peuple aux massacres et lui
demandois des victimes (1), tu nous dénonces
comme des proscripteurs ! Ah ! digne apôtre
de Roberspierre, c'est ainsi que ton maître par-
loit d'humanité le jour , le même jour où cent
victimes tomboient sur ses échafauds ; mais,
malheureux , cite donc les faits , nomme ces
victimes que nous avons fait périr , dis quel
sang a coulé, répandu par nous ! Dans ce même temps, que tu appelles le temps des vengeances, nous n'employons l'autorité qu'à prévenir les vengeances ; notre protection redou-
bloit pour ceux que la voix publique accusoit
davantage ; nous veillions sans cesse à les
sauver d'une mort qu'ils avoient méritée peut-
être , mais que la loi seule pouvoit prononcer
légitimement. Souviens-toi de ce jugement auguste, terrible , où tu parus avec tes complices devant trois représentans de la nation, où
un peuple immense , si long-temps glacé par
la terreur , révéla enfin sans déguisement toutes les horreurs de la tyrannie décemvirale ,
vos crimes et ses malheurs ; où pour premier
usage de la liberté qu'il recouvroit , il vous

reprocha les violences , les vols, les meurtres
qui ont rempli l'affreuse année de votre règne. Eh bien, au sortir de ce tribunal si ef-
frayant pour le coupable , un seul de vous a-
t-il péri ? Ne les avons-nous pas garantis des
vengeances populaires? Ne les avons-nous pas
sauvés tous , jusqu'aux plus grands coupables,
jusqu'à toi-même?

Dans ton aveugle délire , tu cites contre
nous ce que nous alléguerions pour notre
éloge , tu établis notre accusation sur nos titres
d'honneur. Une lettre qui annonce les meurtres de Lyon est insérée dans notre journal
pour en inspirer l'horreur (1), et dans les lon-
gues observations qui la suivent (et que tu
as supprimées avec soin dans ta notice) nous
opposons à ce système d'assassinats, ce que le
droit de la nature et des sociétés , l'humanité,

---

(1) Journal du 9 thermidor, n° 15, 18 prairial an 3.
Voyez encore l'arrêté du district du 2 prairial an 3, qui
ordonne que Briot sera interrogé ; il y est dit, article 4,
considérant que l'exemple de Lyon doit faire craindre à
l'administration que le peuple de cette commune , encore agité
par les convulsions de l'anarchie et du règne de sang dont
il vient d'être la victime , ne se porte à une vengeance que
les lois seules doivent admettre et prononcer, &c.

la loi, l'intérêt public peuvent offrir de raisons victorieuses, et nous sommes des réacteurs ! Ah ! Briot, recherches les listes des clubs et des comités, de ceux qui brisoient les scellés, qui encombroient les cachots, qui alimentoient l'échafaud de Roberspierre, et vois si tous ils n'existent pas encore. Deux seulement, par un jugement solemnel, ont été envoyés aux galères rejoindre les voleurs (encore sont-ils aujourd'hui de retour), le reste est libre. Nommes-en un seul qui ait manqué à vos réunions anarchiques, au 12 germinal, au 22 prairial, à la conspiration de Babeuf ; un seul qui, dans les *respectables* assemblées de l'an six, ne t'ait pas donné son suffrage pour te porter au corps législatif ? une réaction ! et, s'il y en avoit eu, vivrois-tu maintenant ? Le peuple ne se seroit-il pas jeté sur les plus grands coupables ? Où serais-tu aujourd'hui ? Comment aurois-tu évité sa fureur ? Ah ! garde le silence, ta propre existence te condamne, la vie que tu possèdes, dépose contre tes calomnieuses imputations ; monument vivant de la clémence de tes concitoyens, bénis leur générosité à qui tu dois ton salut, au lieu de les accuser effrontément d'une réaction imaginaire.

Mais, s'ils ont dédaigné de punir tes crimes,

garde-toi de croire qu'ils les aient oubliés ; ils vivent encore dans leur souvenir , et puisque tu n'as pas tenu compte de notre silence, nous allons les dévoiler aujourd'hui ; la vérité terrible va s'élever toute entière contre toi. Ecoutes et réponds , si tu le peux.

Signé , JANSON ; MOURGEON, BONARD, HÉRARD , JUSSY , GIRARDOT.

Nota. La difficulté de réunir les notes nécessaires , a retardé jusqu'à présent la seconde partie de ce mémoire, qui va être livrée à l'impression.

A BESANÇON,
DE L'IMPRIMERIE DE J. Fr. DACLIN.

Septième année républicaine.